인물로 보는 세계 역사

LIVE 세계사

② 그리스

천재교육

글 **권용찬**

동화, 칼럼, 만화 시나리오 등 여러 분야에서 활동하며 환상적이면서도 감동이 있는 글을 쓰고 있습니다.
주요 작품으로는 장편 소설 《셜이움》, 동화 《두두리의 모험》 등이 있으며 《만화 통째로 한국사》《만화 인물 평전》
《Why? People》《Who?》《드래곤 빌리지》 시리즈를 비롯, 여러 학습 만화의 집필에 참여했습니다.

만화 **툰쟁이**

유익하고 재미있는 학습 만화를 그리기 위해 노력하는 학습 만화 창작 팀입니다.
대표 학습 만화로는 《와이즈만 첨단 과학》《Who?》《셀파 탐험대(역사편)》 시리즈 등이 있습니다.

학습·감수 **이강무**

고려대학교 역사교육학과를 졸업했습니다. 역사교사들의 모임인 「전국 역사교사모임」 조직부장,
현장 역사교사들의 모임인 「역사 사랑」 회장 등을 역임했습니다. 지은 책으로
《청소년을 위한 세계사 서양 편》《청소년을 위한 역사 교양 시리즈》 등이 있습니다.
현재 인창 중학교에서 학생들과 역사 공부를 하고 있습니다.

LIVE 세계사 ❷ 그리스

발행 | 2022년 5월 31일 초판 **인쇄** | 2023년 3월 30일 2쇄
발행처 | (주)천재교육
글 | 권용찬 **만화** | 툰쟁이 **삽화** | 나인완 **학습·감수** | 이강무
편집 | 천재교육 만화사업팀 **북디자인** | Design Plus
사진 제공 | 셔터스톡, 위키피디아, 천재교육
신고번호 | 제2001-000018호(1980.5.28)
팩스 | 02-3282-1717
고객만족센터 | 1577-0902
주소 | 08513 서울특별시 금천구 가산로9길 54
홈페이지 | www.chunjae.co.kr

ISBN 979-11-259-7036-1 74900
ISBN 979-11-259-7034-7 74900 (세트)

인물로 보는 세계 역사

LIVE 세계사

② 그리스

그리스의 역사 인물을 만나 보아요

유럽 대륙 동남쪽에 자리한 지중해의 꽃, 그리스!

오늘날 그리스를 유럽을 대표하는 강대국으로 손꼽지는 않아요.

그저 고대 유물과 유적을 간직한 관광 국가로 유명할 뿐이지요.

하지만 그 누구도 부정할 수 없는 사실이 있습니다.

바로, 서양 역사와 문명의 뿌리가 바로 그리스라는 사실!

그리스가 세계사에 존재감을 드러내기 시작한 것은 기원전 800년경,

'폴리스'라 불리는 작은 도시 국가들이 곳곳에 들어서면서부터입니다.

자유로운 시민 생활을 바탕으로 한 민주주의, 인간적인 그리스 신화,

소크라테스를 비롯한 유수한 철학자 등 그리스의 자랑거리는 대부분 이때 탄생했지요.

이후 그리스는 알렉산드로스 대왕이 이끄는 마케도니아에 지배를 받게 되고,

마케도니아마저 로마에 편입되지만, 그리스의 문화는 여전히 살아남았답니다.

그 결과, 철학·예술·건축·과학·수학·의학 등 다양한 분야에 그 흔적을 남겼어요.

4년마다 열리는 전 세계의 축제, 올림픽 역시 그리스가 남긴 유산 중 하나이지요.

세계사에서 그리스를 결코 그냥 지나칠 수 없는 이유가 바로 이 때문입니다.

자, 그럼 지금부터 그리스의 역사 인물을 통해 서양 문명의 뿌리,

그리스를 만나러 떠납시다!

이강무
서울 인창중학교 교사

나비 효과! 연약한 나비의 날갯짓 하나가 지구 반대편에 있는 나라에 큰 태풍을 만들어 낼 수 있다는 뜻이에요. 지구촌에 사는 우리 모두가 밀접하게 서로 영향을 주고받는다는 것을 보여 주는 말이지요. 《LIVE 세계사》는 세계인과 친구가 되고 함께 살아갈 여러분에게, 흥미 있는 세계사를 보여 줄 것입니다.

김태규
서울 장충고등학교 교사

현재 우리가 살아가는 지구에는 수많은 나라와 역사가 있어요. 그 역사 속 사람들을 알고 싶다면 《LIVE 세계사》를 읽어 보는 것은 어떨까요? 여러분이 꼭 알아 두면 좋을 인물을 중심으로 한 재미있는 만화를 읽을 수 있어요. 또 비슷한 시기 주변 국가의 이야기나 우리나라 역사와 관계있는 이야기도 담겨 있어 깊이 있게 세계사를 만날 수 있을 거예요.

김현숙
서울 덕수중학교 교사

《LIVE 세계사》는 세계 여러 나라의 역사를 중요 인물과 사건을 통해 살펴보고, 이와 관련된 주변 나라의 역사와 나아가 세계 역사 흐름을 살펴보려는 책입니다. 인물과 사건, 그리고 유적과 유물을 통해 세계는 연결되어 있고, 과거와 현재가 연결되어 있음을 알 수 있습니다. 세계 속 인물을 통해 과거와 현재 그리고 세계 곳곳을 찾아 여행을 떠나요!

왕홍식
서울 보성중학교 교사

《LIVE 세계사》는 세계 여러 나라의 역사를 중요 인물과 사건을 통해 살펴보고, 이와 관련된 주변 나라의 역사와 나아가 세계 역사 흐름을 살펴보려는 책입니다. 인물과 사건, 그리고 유적과 유물을 통해 세계는 연결되어 있고, 과거와 현재가 이어지고 있음을 알 수 있습니다.

황은희
서울 월천초등학교 교사

이 책의 특징

Start

1 여행 지도

해당 나라의 지도와
함께 수도, 언어, 기후,
국기 등 기본 정보를
알아봅니다.

2 만화와 정보 박스

세계 역사 속 주요 인물을
재밌는 스토리와 함께
만화로 만나 봅니다.
정보 박스를 통해
놓치기 쉬운 학습 정보를
보충합니다.

3 세계사 들여다보기
세계사 넓게 보기
세계사 깊게 보기

해당 나라에 관련된
정보를 읽고,
그 시기에 주변 나라와
우리나라는 어떤 일이
있었는지 살펴봅니다.

○○세로스 (기원전 800년경~기원전 750년)

고대 그리스의 시각 장애를 가진 작가로, <일리아스>와 오디세이아>가
대표작이에요. 이는 그리스의 국민들에게 가장 사랑받은 시로, 이후
문학은 물론, 가치관에도 큰 영향을 끼쳤어요. <일리아스>는 트로이 전쟁
10년째의 사건을 다루었는데, 특히 그리스 아킬레우스의 사랑과 분노,
트로이 헥토르의 죽음을 인상적으로 표현했어요. <오디세이아>는 트로이
전쟁이 끝난 후 그리스의 오디세우스가 귀국길에 10년 간 온갖 모험을
겪고 마침내 부인과 만나는 이야기를 담고 있어요.

들여다보기 · 그리스

올림포스의 12신

그리스 신화에는 다양한 신이 등장하는데, 올림포스 산의 12신이 대표적이
않고 인간의 한계를 넘어서는 초능력도 지녔으나 인간과 똑같은 모습을 하고
같은 인간적인 감정을 드러냈어요.

4

놀이 퀴즈

미로 찾기, 가로세로
낱말 퀴즈, 사다리 타기 등
재밌는 퍼즐을 이용해
학습한 내용을
확인해 봅니다.

5

문제 퀴즈

세계사와 관련된 다양한
유형의 문제를 풀면서
학습한 내용을 점검하고
교과를 비롯한 여러 가지
시험에 대비합니다.

6 End

연표

인물과 사건을 중심으로
역사의 흐름을 이해하고
같은 시기에 우리나라와
다른 나라에서 일어난
사건과 비교해 봅니다.

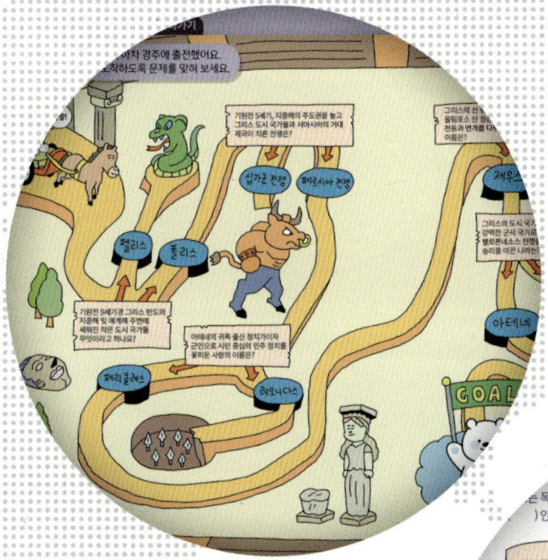

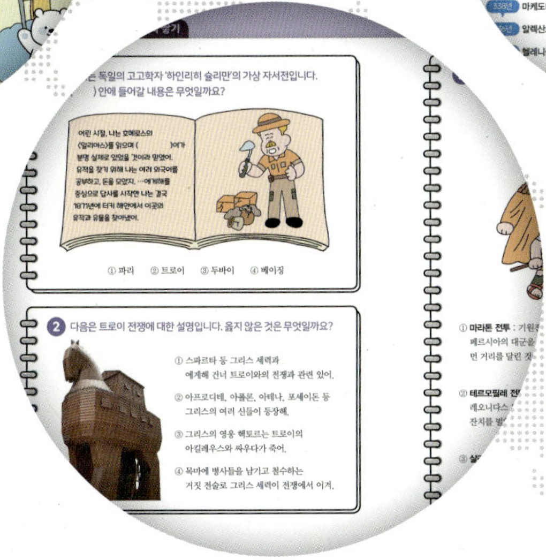

그리스

수도

아테네는 유구한 역사를 자랑하는 그리스의 수도로
서구 문명의 요람이자 민주주의의 고향으로 인정받고 있어요.

언어

그리스어는 그리스와 주변 국가에서 약 1,500만 명의
인구가 사용해요. 최초로 모음의 개념을 도입해
오늘날 라틴 문자의 바탕이 되었지요.

지리

유럽 남부 발칸 반도 남쪽 끝에 있으며, 본토와 3,000여 개의
섬으로 이루어져요. 특히 산이 많은 나라로 손꼽혀요.

기후

여름은 덥고 건조하며, 겨울은 따뜻하고 습도가 높은
지중해성 기후예요. 지역에 따라 고산 기후가 나타나요.

화폐

과거 '드라크마'라는 화폐 단위를 사용했지만 2002년부터
유럽 단일 통화인 유로를 사용하고 있어요.

종교

인구의 97% 정도가 기독교의 한 분파인
그리스 정교회이며, 헌법에서도 그리스 정교회를
그리스에서 '우세한' 종교로 인정하고 있어요.

산업

농업과 관광업, 해운업이 경제를 이끄는 주요 산업이에요.
특히 풍부한 문화유산 덕분에 관광업이 발달했어요.

세계 유산

다양한 신들을 기리는 신전과 고대 올림픽이 열린
올림피아 유적, 원형 극장 등 고대 유적이 유명해요.

국기

하얀색 십자가는 동방 정교회를,
5개의 파란색 줄무늬는 자유를,
4개의 하얀색 줄무늬는 죽음을 뜻해요.

알렉산드로폴리스
테살로니카
메테오라
델포이
아테네
스파르타
산토리니
크레타섬

모모

이상한 나라
도서관의 사서.
늘 논리적이에요.

그루

이상한 나라의 요리사.
남을 잘 보살피지만,
음식 앞에서는 약해져요.

듬이

어려움 앞에서도
따뜻함을 잃지 않는
든든한 친구예요.

하트 공주

이상한 나라
하트 여왕의 외동딸.
자기만의 왕국을
세우려고 해요.

가로

하트 공주의 부하.
충성심으로 가득하지만,
엉뚱한 행동으로 일을
그르치기도 해요.

세로

하트 공주의 부하.
공주의 말이라면 무조건
따르며, 눈치가 빨라
행동도 빨라요.

호메로스

고대 그리스의 시인.
《일리아스》와 《오디세이아》의
작가로 알려지고 있어요.

페리클레스

고대 그리스의 정치가.
아테네 민주주의의
황금시대를 열었어요.

소크라테스

고대 그리스의 철학자.
평생 동안 고민하고 토론하여
철학의 기초를 마련했어요.

레오니다스 1세

스파르타의 국왕.
정예병 300명을 이끌고
페르시아 대군에 맞섰어요.

알렉산드로스 3세

마케도니아의 왕.
그리스, 페르시아, 인도에
이르는 대제국을 건설했어요.

차례

이상한 나라 안내서
여기는 이상한 나라.
세상의 지식과 상상이 모여 만들어진 마법의 나라예요.
하트성
레스토랑
도서관
정원
음악관
인간, 동물, 요정, 마법사, 책 속의 인물 등 다양한 이들이 살고 있지요.

이상한 나라에서 가장 중요한 곳은 도서관이에요. 인간 세계와의 균형을 보여 주는 절대시계가 있거든요. 인간 세계가 흔들리면 여기도 무사하지 못해요.

도서관에 인간 세계로 넘어가는 시간의 문이 있다는 건 안 비밀!

껄
껄

이상한 나라는 항상 평화로워요. 가끔 하트성에 사는 공주가 말썽을 일으킬 때 빼고는요.

엄마, 미워!

너 사춘기니?

오늘은 어떤 하루가 시작될까요?

덜
덜
덜

이상한 나라의 위기

*관장 도서관, 박물관, 전시관처럼 '-관'자가 붙은 기관의 최고 책임자.

***서가** 문서나 책을 얹거나 꽂아 두도록 만든 선반.

***납치** 강제적인 방법으로 억지로 데리고 감.

마법 안경은 책 도둑의 발자국을 보여 준단다.
단, 시간이 너무 많이 지나면 사라지니 주의하도록!

보인다!

근데 저 혼자서 공주님을 막을 수 있을까요?

혼자가 아니야! 우리도 있잖아!
그래!

셋이 함께라면 못할 게 없지.
그리스의 역사 속으로, 출발!
탁
탁
탁
탁

사라진 호메로스

잘 생각해.
정말 나와 함께
갈 거야?
물론이지!
그럼!

하트 공주를
뒤쫓다 보면 여러
나라를 들를 테고,
그러면….

…전 세계의
다양한 음식도
맛볼 수 있겠지?
벌써부터
침이 고여!
요리사
그루다워!

*거대 엄청나게 큼.

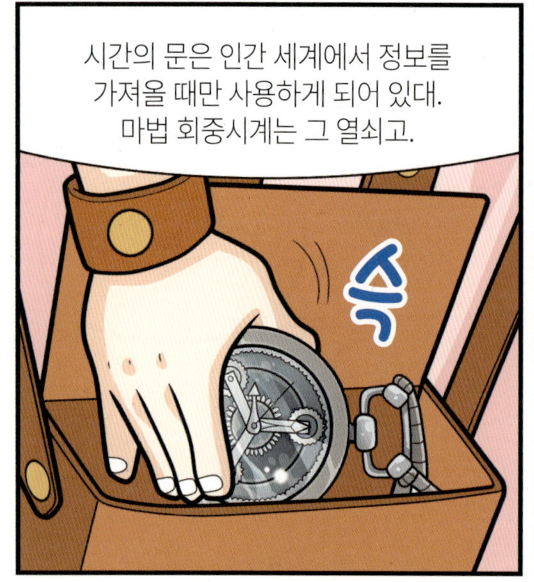

*목적지 나아가는 방향의 도착지.

*흔적 어떤 현상이나 실체가 지나간 뒤에 남은 자국.

웅
이얍!
웅
간다!
파
앗

어지러워!
웅
으윽…!
기분이 이상해!
손 꼭 잡아!

앗!
쏙

잡았다,
요 녀석!
덥
석

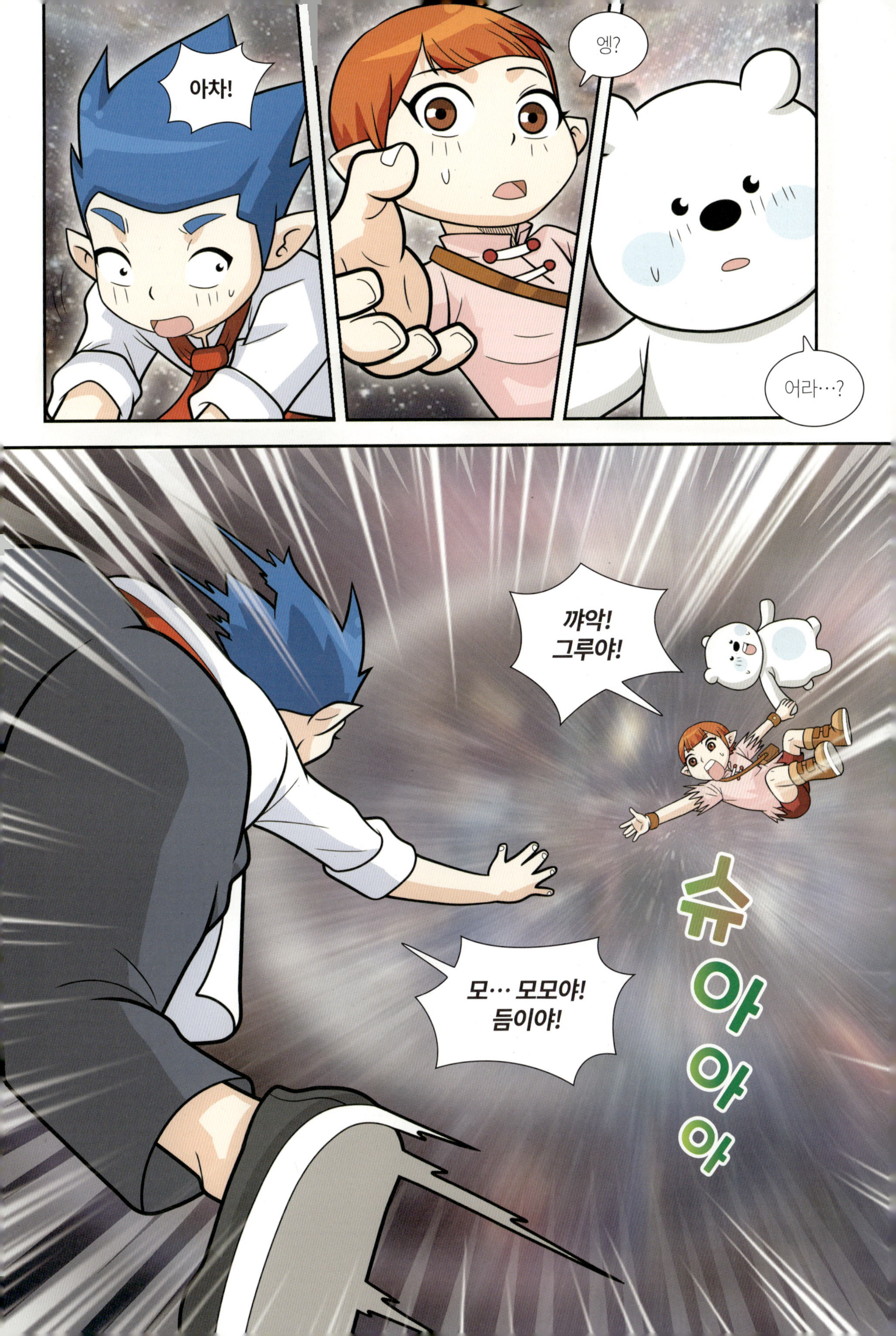

아차!
엥?
어라…?

까악! 그루야!
모… 모모야! 듬이야!
슈아아아

*고대 본격적인 역사가 시작된 아주 먼 옛 시대.

***시대** 역사적으로 어떤 근거나 기준에 따라 구분한 일정한 기간.

*시인 시를 전문적으로 짓는 사람.

*신분제 사회를 구성하는 사람들의 등급을 나누고 각기 다른 권리와 의무를 지게 한 제도.

＊원형 극장(31쪽) 지붕은 없고 관람석은 둥글게 계단식으로 된 원형 광장.

이곳은 고대 그리스의 *원형 극장!
…어쩌다 여기까지 와 버렸네.
웅성
웅성
와아
근데 듬이는 어디 있지?

크레타섬의 소년들은
성인이 되면 황소를 뛰어넘어
용맹함을 *과시합니다!

'황소 뛰어넘기'는
크레타섬의 오랜
전통 중 하나죠.

자, 모두 함께
춤을 추며 신을
칭송합시다!

*낭독 글을 소리 내어 읽음.
*과시 자랑하여 보임.

오늘은 특별히
새로운 무용수까지
모셨답니다!
짜
잔

듬이?

듬이야,
거기서 뭐 해?
어… 어쩌다
이렇게 됐어.
얼른 갈게.

둠
칫
둠
칫

귀여워~!
헉
헉

듬이는 어딜 가든 인기가 좋다니까!

오래 기다리셨습니다. 드디어 소개합니다!

와아
와아
모든 그리스인의 스승이자 위대한 시인이며….
빛나는 언어로 세상을 노래하는 사나이! 그의 이름은 바로….
호메로스!

부축을 받네?
어디 아픈가 봐.

호메로스를
모르나 보군.
실은
그래요.

호메로스는 여행 중
눈병을 앓아 *장님이
되어 버렸지.
하지만 그는
결코 시와 노래를
멈추지 않았어.
띠
리
링
읽지도 쓰지도
못하는데요?

그러니까
대단한 거야.
끄덕

그의 머릿속에서는
엄청난 이야기들이 끊임
없이 흘러나온단다.

고대 그리스에서 활동한 유랑 시인이에요. 현재까지 전해지는 고대 그리스어 서사시 중 가장 오래된 <일리아스>와 <오디세이>를 남겼어요. <일리아스>는 트로이 전쟁 10년째의 사건을 다루는데 아킬레우스의 사랑과 분노, 헥토르의 죽음을 인상적으로 표현하고 있어요. <오디세이>는 트로이 전쟁이 끝나고 오디세우스가 고향인 그리스로 돌아가며 겪는 모험 이야기지요. 두 작품은 훗날 서양 문학 전반에 큰 영향을 끼쳤다고 해요. 그런데 호메로스가 실존 인물이 아니라는 주장도 있답니다.

*신화 고대 사람들의 상상력이나 생각이 나타난 신성한 이야기로, 우주의 기원이나 신과 영웅의 활약상이 주요 내용.

*운명 거스를 수 없는 강력한 힘이나 법칙에 의해 이미 정해진 목숨이나 처지.
*서사시 역사적 사실이나 신화, 전설, 영웅의 사적 따위를 있는 그대로 쓴 시.

***청동** 구리와 주석의 합금. 철 등장 전까지 고대 시대 사용한 가장 단단한 금속.

*술수 어떤 일을 꾸미는 꾀나 방법.

*진정 몹시 소란스럽고 어지러운 일을 가라앉힘.

***노여움** 분하고 섭섭해서 화가 치미는 감정.

***주신** 여러 신 가운데 가장 중심이 되는 신.

*신전 신을 기념하거나 모신 커다란 집.

***미모** 아름다운 얼굴 모습.

***순조롭다** 어떤 일이 아무 문제나 말썽 없이 예정대로 잘되어 간다는 의미.

***업적** 어떤 일을 해서 얻은 노력의 결과.
***존경** 다른 사람의 마음가짐이나 행동을 공손히 받듦.

***말버릇** 여러 번 되풀이하면서 몸에 배어 굳어 버린 말의 방식.

***아량** 너그럽고 속이 깊은 마음씨.

안녕!
기다려요!

쿵
아코!

다시 문을 열어!
그루는?

다시 만날 수 있을 거야!
쿠 쿵

좋아, 하트 공주! 꼭 잡고 말 테니까 각오해요!
탁
탁
탁

올림포스의 열두 신

그리스 신화에는 다양한 신이 등장하는데, 올림포스 산의 열두 신이 대표적이에요.
이들은 죽지 않고 인간의 한계를 넘어서는 초능력도 지녔으나 인간과 똑같은 모습을 하고
사랑과 분노, 질투 같은 인간적인 감정을 드러냈어요.

퀴즈 올림포스의 열두 신 중 번개와 천둥을 다루는 최고의 신은? ① 제우스 ② 토르

오늘날 우리는 그리스 신화를 통해 고대 그리스인들이 세상과 인간, 사람들 사이의 관계를 어떻게 생각했는지 짐작할 수 있어요. 그리스 신화는 오랜 세월 수많은 예술 작품을 비롯해 문학과 철학, 역사 등 서양 문화 전반에 걸쳐 큰 영향을 미쳤습니다.

트로이 전쟁

기원전 12세기 혹은 기원전 13세기경의 일이에요. 트로이의 왕자 파리스가 스파르타의 왕비 헬레네를 유혹해 트로이로 달아나는 사건이 벌어졌어요. 이에 그리스 연합군은 곧장 트로이로 진격했고, 그리스의 아킬레우스, 오디세우스와 트로이의 헥토르 등 영웅들의 싸움이 10년이나 이어졌지요. 그런데 도무지 승패가 나지 않자 그리스는 결국 큰 목마를 남기고 철수해 버렸어요. 트로이군은 승리를 기뻐하며 목마를 성안으로 옮겨 놓았는데, 사실 목마 안에는 그리스군이 숨어 있었답니다. 철수를 위장한 전술로 결국 트로이 전쟁의 승자는 그리스가 되었어요.

트로이 목마
이스탄불 박물관.

고조선의 건국 신화

…환인의 아들 환웅이 인간 세상에 관심을 두어 환인이 인간 세상을 내려다보니, 널리 이롭게 할 만하였다. 환웅은 무리 3,000명을 이끌고 태백산 꼭대기 신단수에 내려와 비, 바람, 구름을 다스리는 신을 거느리고, 곡식, 수명, 질병, 형벌, 선악 등 360여 가지 일을 맡아 인간 세상을 다스렸다. …환웅이 웅녀와 혼인하여 아들을 낳으니, 그의 이름이 단군왕검이었다. 단군 왕검은 요 임금이 왕위에 오른 지 50년에 평양성에 도읍을 정하고, 나라 이름을 조선이라 하였다.
— 일연, 〈삼국유사〉 —

많은 나라와 민족이 자신들만의 신화를 가지고 있지. 자신들이 어디서 왔으며, 어떻게 나라를 세웠는지 말이야.
하지만 신화는 역사적 사실이 아니잖아?

완전한 사실은 아니지만, 당시 사람들의 생각이나 역사를 짐작할 수 있어서 큰 의미가 있지.
예를 들면 어떤 것들?

단군의 고조선 건국 신화를 통해서 우리가 사람을 최고의 가치로 여기는 민족이라는 것과, 고조선이 얼마나 오래되었는지를 알 수 있어.
오, 정말!

페리클레스를 찾아라

*올리브 그리스를 비롯한 지중해 연안 지역에서 많이 자라는 물푸레나무의 일종. 열매로 기름을 짠다.

모모와 듬이는
어디서 찾는담.
웅성
웅성

배도
고픈데….
꼬르륵

갓 구운 빵이요!
앗!

으아~ 엄청
맛있겠다!

하지만 돈도
없잖아.
친구들부터
찾아야지.

 ***아크로폴리스** 고대 그리스의 도시 중심이나 배후에 있던 언덕으로 종교·정치의 중심이 되는 장소.
***아고라** 고대 그리스의 도시 국가에서 시민들의 일상생활이 이루어지던 공공 광장.

---

*명문가 사회적 신분이나 지위가 높고 학식과 덕망을 갖춘 훌륭한 집안.
*정치가 정치를 맡아서 하는 사람.

*환심 기뻐하고 즐거워하는 마음.
*희희낙락 매우 기뻐하고 즐거워함.

***투표** 대표자를 뽑거나 옳고 그름을 결정할 때 자기 생각을 표시해 일정한 곳에 내는 일.

*조미료 음식의 맛을 낼 때 쓰는 재료.

***의식주** 사람이 살아가는 데 꼭 필요한 세 가지인 옷(의)과 음식(식)과 집(주).
***스파이** 한 나라의 비밀이나 상황을 알아내어 대립하는 나라에 몰래 알려주는 사람.

*브로치 옷의 깃이나 앞가슴에 핀으로 고정해서 꾸미는 데 사용하는 물건.
*휘장 신분이나 소속 등을 알아볼 수 있게 나타내는 표시.
*해명 어떤 일의 까닭이나 자세한 내용을 풀어서 밝힘.

*수색하다 구석구석 뒤져서 찾아냄.

***자책** 자기 잘못을 스스로 뉘우치고 자기 자신을 꾸짖음.

문제는 공주의 흔적을 전혀 발견할 수 없다는 거야. 공주가 데려갈 만한 사람도 못 봤고.

마법 회중시계는 아무 반응도 없어?
한번 볼까?
슥

척

모모야, 방패를 봐. 스파르타야!
슈우욱
으앗! 갑자기 이 영상은 뭐지?
그럼 상대는 아테네?

저건 아마
펠로폰네소스 전쟁의
모습일 거야.

펠로폰네소스?
그건 무슨 맛이야?
휘
으!
청

펠로폰네소스 전쟁은
기원전 431년에서 404년까지
아테네와 스파르타가
벌인 전쟁이야.
둘 사이가
나쁘다더니
결국 전쟁을
했구나.

쯧쯧, 이웃끼리
어쩌다 사이가
나빠졌지?

기원전 492년에 페르시아가
그리스 지역을 침범하면서부터야.
내 신하가
되면 목숨만은
살려 주마!
다리우스 1세

***도시 국가** 도시 그 자체가 정치적으로 독립하여 국가를 이루던 공동체.
***영토** 나라의 힘이 미치는 구역. 바다와 하늘을 포함하기도 한다.

전쟁 초반에는 페리클레스가 이끌던 아테네가 우세했지만 결국 스파르타의 승리로 끝났어.
어?

지금 '페리클레스'라고 말했어?

아까 만난 남자와 이름이 같아. 평범한 사람은 아닌 것 같았는데….
정말?

그럼 페리클레스가 하트 공주의 목표가 아닐까?
불끈

당장 페리클레스의 집으로 가자!
끄덕
오늘은 그루 님이 대활약을 하는군.

페리클레스의 집

***고용** 돈이나 물건을 주고 그 대가로 사람에게 일을 시킴.
***조수** 책임자 밑에서 가르침을 받으면서 그 일을 도와주는 사람.

세상에…
이렇게 귀여운…
쌀록
짜
짠
…스파이 본 적 있어요?
귀… 귀여워!
사랑스러운 생명체다!
암, 암~ 스파이일 리 없지!
합격! 아… 아니, 통과!
휴우~

***충고** 다른 사람의 실수나 잘못을 진심으로 타이름.

페리클레스 (기원전 495년경~기원전 429년)

그리스 아테네의 귀족 정치가이자, 연설가이며 장군이었어요. 서른 살 무렵부터 뛰어난 연설로 시민들의 지지를 얻어 정치의 중심인물이 되었지요. 폴리스들의 연합체인 델로스 동맹을 이끌고 페르시아의 침략을 성공적으로 막아서 아테네를 폴리스 세계의 중심 국가로 만들었어요. 그 덕분에 아테네에서는 민회 중심의 민주 정치가 크게 발전했고, 학문과 예술 활동까지 활발해졌지요. 이때를 '아테네의 황금시대' 혹은 '페리클레스의 시대'라고 부른답니다. 훗날 고대 그리스의 역사가 투키디데스는 그를 '아테네의 제1시민'이라고 칭했어요.

*검색 여러 수단을 써서, 목적에 맞는 필요한 자료들을 찾아내는 일.

페리클레스 님!
하… 하트 공주!
두
둥
엉?

멈춰요, 공주님!
또 너희구나.

괜찮으세요?
난 괜찮다.
끄응
!

*보호막 사물을 보호하기 위해 그 표면을 덮고 있는 막.

감히 내 집에서
※행패를 부리다니!
용서할 수 없다!
파
앗
가까이 오면
안 돼요!

어서 오너라,
페리클레스!
쉬
이
익

좌
아
아
으악!

유후~,
성공!
슈
욱
쿠
쿠
쿠
쿠

***재상** 왕을 도와 모든 신하들을 지휘하고 감독하는 높은 벼슬.

*체포 몸을 묶거나 가두어서 행동의 자유를 빼앗는 일.

저쪽으로!
후다닥

어서 문을 닫아!
쾅

모모, 뭐 해?
으응….

슥
이미 지난 실패에 연연할 시간 없어!

알았어!
끼릭

어라, 이번에는 시간의 문이 우리를 끌어당겨!
쉬
이익
휘청
으으… 왠지 불안해!

으아아아~ 어지러워!
콰아아아
으아악

폴리스의 등장

그리스 반도는 바닷가의 작은 평야를 제외하면 국토 대부분이 크고 작은 산으로 이루어져 있어요. 그래서 큰 나라가 만들어지지 못하고 언덕이나 골짜기에 작은 도시 국가들이 생겨났는데, 이것이 바로 '폴리스'예요. 지중해의 섬은 물론, 에게해 건너편에도 폴리스가 생겨났는데, 전성기에는 그 수가 1,000여 개에 이르렀어요. 그리스의 대표적인 폴리스인 아테네는 인구가 25~30만 명 정도로 상당히 큰 규모였답니다. 아테네의 전경을 통해 폴리스 사람들의 생활 모습을 살펴볼까요?

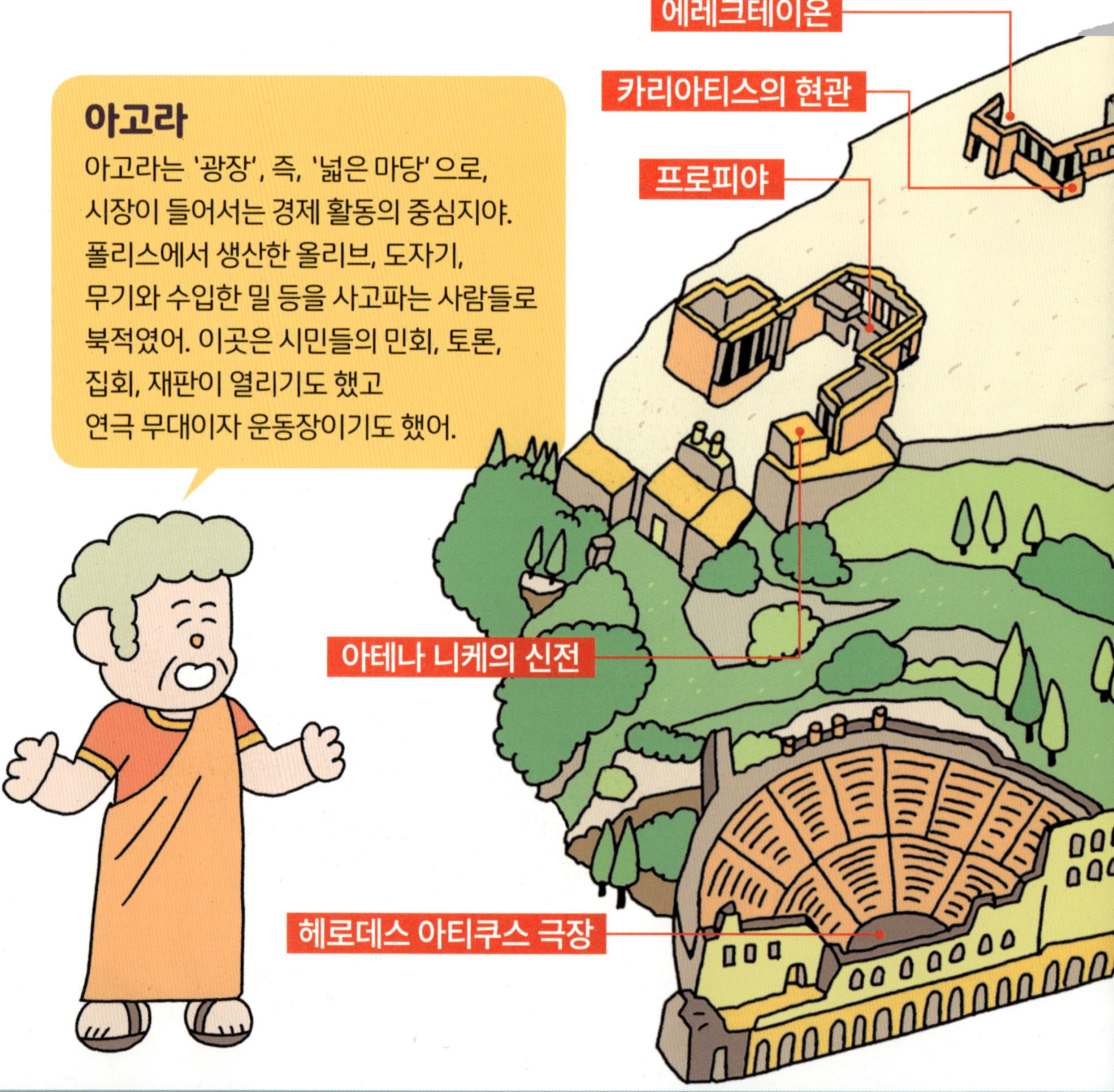

파르테논

아크로폴리스
아크로폴리스는 '폴리스 중심에 있는 언덕'으로,
신전이 있어 정치와 종교의 중심지였어.
가장 높은 곳에 있는 파르테논 신전에는 아테나
여신이 모셔져 있는데, 아테네라는 폴리스의
이름은 이 여신에게서 따온 거야.

아크로폴리스 박물관

민회와 도편 추방법
1만여 명의 시민이 참가하는 '민회'가 1년에 수십 차례나
열렸어. 시민들은 민회에서 법률을 만들고, 관리를 추첨으로
뽑았는데, 독재자가 될 가능성이 있는 사람의 이름을 도자기
파편에 적어 6,000표 넘게 나오면 10년 간 아테네에서
쫓아내는 '도편 추방법'을 시행했어.

전사의 나라 스파르타

같은 그리스 반도의 도시 국가였지만 스파르타는 아테네와 정치 체제가 완전히 달랐어요.
아테네가 시민 중심의 민주 정치인 반면, 스파르타는 국왕 중심의 강력한 군사 국가였지요.
그 이유는 스파르타의 인구 구성을 보면 알 수 있어요. 놀랍게도 스파르타는 약 5%의 귀족이
95%의 정복민과 노예를 지배하고 있었어요. 적은 인원으로 사람들을 통제해야 했으니 강력한
국왕이 필요했고, 귀족들은 혹독한 훈련으로 스스로 강력한 군인이 될 수밖에 없었던 거예요.

고대 그리스와 대한민국의 차이

민주주의는 고대 그리스, 특히 아테네에 기원을 두고 있습니다. 하지만 오늘날과 완전히 똑같지는 않아요. 고대 그리스와 현재 대한민국은 어떤 차이가 있는지 알아봅시다.

퀴즈 대한민국에서 국민이 정치에 참여하는 방식은? ① 간장 민주 정치 ② 간접 민주 정치

소크라테스와 제자들

*키톤 아래위가 잇달린 재단하지 않은 고대 그리스인들의 옷.

*후보 어떤 자리를 채울 수 있는 자격을 가진 사람.
*외교관 한 나라를 대표하여 다른 나라와 정치·경제·문화적 관계를 맺는 일을 하는 사람.

***면접** 사람을 직접 만나서 됨됨이나 말과 행동이 올바른지 평가하는 시험.

***무엄** 말과 행동에 조심성이 없고 아주 예의가 없음.

말이 돼?
그런 법이
어딨어?
발끈

그렇게 공부가
하고 싶으면 집으로
가정 교사를 불러.

무슨
일인가?
수업 전부터
소란스럽군.
앗, 선생님!
숙

이곳 아테네에서는 남자들만
교육을 받는 것이 일반적이다.
여자와 노예, 외국인은 교육
대상에서 제외되지.
들었지?
맘에 안 들어,
이 녀석!
하지만….

소크라테스 (기원전 470년경~기원전 399년)

소크라테스는 기원전 5세기경 아테네에서 활약한 그리스의 대표적인 철학자예요. 당시 소피스트들은 *현란한 말솜씨로 진리를 상황에 따라 자기 입맛대로 해석해서 사람들을 오히려 혼란에 빠뜨리곤 했어요. 하지만 소크라테스는 '진리란 상황에 따라 변해서는 안 된다'고 생각했지요. 아는 것을 실천하는 태도와 도덕도 매우 중요하게 여겼어요. 그런데 정치인들은 이런 소크라테스를 좋게 보지 않았고, 결국 '신을 모독하고 청년을 타락시켰다'는 모함을 받아 사형당하고 말았답니다.

*공식 국가적이나 사회적으로 인정된 공적인 방식.
*현란 정신을 차리기 어려울 정도로 어수선함.

*이상적 생각할 수 있는 가장 완전한 상태.
*잠재력 겉으로 드러나지 않고 속에 숨어 있는 힘.

***초월** 어떠한 한계나 보통을 뛰어넘음.

아이들이 넓적하고 길쭉한 사람들을 봤대.
가로와 세로다!

어디로 갔대? 뒤쫓아야지!
근데 한참 전이야.

아… 또 늦었구나.

공주보다 한발 더 빨리 움직이자!
뒤쫓기만 하면 계속 놓치게 돼. 그러니까…
좋은 생각이야! 근데 어떻게?

*저서 책을 지음. 또는 지은 책.
*수제자 여러 제자 가운데 배움이 가장 뛰어난 제자.

고대 그리스를 대표하는 3대 철학자 중 한 명. 인간의 본질을 깨닫고자 수학과 철학을 깊이 탐구했고, '아카데메이아'라는 학교를 세워 학생들을 가르쳤다.

《국가론》, 《파이돈》, 《소크라테스의 변명》, 《향연》 등의 저서를 남겼다.

3대 철학자면 나머지 한 명은 누구야? 넌 알지, 모모?
앗!
움찔

소크라테스와 플라톤, 또….
쩔쩔

우… 우선 플라톤과 소크라테스의 *행방부터 찾는 게 어때?
그럴까?

근데 이렇게 많은 사람들 중에서 어떻게 찾지?

후후, 걱정 마.
?
스윽

아이들이 도와주기로 했거든.
짠

*행방 간 곳이나 방향.

먼저 찾으면
이기는 게임이야.
준비…
시~작!
난 소크라테스
할아버지를
찾을게!
그럼 난
플라톤
아저씨!
와아

역시 듬이!
최고야!
척
척

아! 갑자기
생각났어!

세 번째 철학자는
아리스토텔레스야!
슈
아
아
악

하나…．
두울…．
스윽
스윽
슉

셋!
으라차~!
팟
우아, 엄청
멀리 던지네!

훌
쩍
호잇!
저… 저렇게
멀리까지…!

***김나시온** 고대 그리스에서 운동선수가 훈련하는 시설.
***인재** 재주가 아주 뛰어난 사람.

이 정도로 우승이라니!
하핫
이럴 줄 알았어.
그래. 너희라면 올림픽 우승도 문제없겠어.

헉!
스으윽
그럼 난 이제 새로운 신하를 찾아야 하는 건가?
공주님!

공주님이 수업 하시는 동안 지루해서….

아주 잠깐 한눈을 팔았을 뿐이에요. 용서해 주세요.

한참 찾아 다녔잖아!
죄송해요.
쩔쩔

***감시** 단속하기 위하여 주의 깊게 살핌.

***학당** 공식적인 학교는 아니지만, 스승이 제자들을 모아 학문을 가르치는 곳.

플라톤의 제자인 아리스토텔레스는 소크라테스가 세상을 떠나고 15년 뒤에 태어난대.
으
양
기원전 399년 사망
기원전 384년 출생

그럼 공주는 가장 큰 스승인 소크라테스를 노리겠지?
척
글쎄? 내가 공주라면 플라톤을 선택하겠어.

플라톤은 소크라테스의 가르침을 책으로 정리할 만큼 뛰어난 제자였잖아.
한편으로는 뛰어난 학자인 아리스토텔레스를 키워 낸 스승이기도 했고.
그 말도 일리 있네.

*웅변술 사람들 앞에서 자기 생각이나 주장을 힘차고 막힘없이 당당하게 말하는 기술.
*관대 마음이 너그럽고 크다.

***주목** 관심을 가지고 주의 깊게 살피는 행동이나 그런 시선.

***비극** 등장인물들의 대화로 이루어진 극 형식의 예술 중 불행한 결말을 갖는 작품.
***위장** 정체나 모습이 드러나지 않도록 꾸미는 수단이나 방법.

소크라테스 님은 안 오셨나요?
먼저 와 계신 줄 알았습니다.

이상하네요. 약속을 잊으실 리 없는데….
끄덕

스승님 댁에 다시 찾아가 보겠습니다.
부탁해요.

플라톤을 따라가자.

공주가 벌써 소크라테스를 납치한 건 아닐까?

아이들이 소크라테스는 학당에 있다고 했잖아.

참, 이게 있었지!
스윽

앗!

공주의 발자국이야!
어서 따라가자! 앞장서!

발자국이 학당 쪽으로 향해 있어!

이상하네요. 약속을 잊으실 리 없는데….
그렇다면….

네 말이 맞았어! 공주는 플라톤을 노리는 게 아냐!
역시…!

소크라테스가 위험해!
달려!
탁
탁
탁

*제안 생각이나 계획을 의견으로 내놓음.
*거역 윗사람의 뜻이나 지시 따위를 따르지 않고 거스름.

거부를 안 했다면 좀 더 멋지게 봉인됐을 텐데… 쯧쯧!
스스슥

자, 다음 장소로 이동해 보실까?
우
웅

멈춰요, 공주님!
이제 왔니? 언제나 한발 늦는 모모!

우린 또 한발 먼저 가 볼게!
쿵
끄응… 얄미워!

지잉
지잉
이게 무슨 소리지?

*지체 때를 늦추거나 질질 끎.

자, 그럼 시간의 문을 열게!
쿠
쿠쿵
좋아!

잠깐만! 근데 우린 공주가 어디로 갔는지 모르잖아?

우린 모르지만 마법 회중시계는 알지!
끽
끼긱
시간의 문이 사라지기 전에 문을 열면 공주를 뒤따라갈 수 있어.

헉! 시계에 금이 갔어!
괜찮을까?
빠
직
끄응…

고대 그리스의 철학자들

① 룜요

고대 그리스인들은 오래전부터 신을 통해 자연을 이해하고, 자연의 이치를 거스르지 않기 위해 노력했어요. 그런데 어느 때부터 신이 아닌 인간의 마음, 즉 이성으로 세상을 이해하려는 사람들이 등장했어요. 우리는 이들을 '철학자'라고 부르지요. 초기 철학자들은 물, 불, 흙, 공기 등으로 세상을 설명해서 '자연 철학자'라고 불려요. 탈레스라는 자연 철학자는 '세상은 물로 이루어져 있다'고 주장했지요. 시간이 좀 더 흐른 기원전 5세기부터는 인간을 연구하는 '소피스트'가 등장했어요. 소피스트들은 인간과 사회에 관심이 많아서 인간의 자유와 권리, 노예 제도 등에 대해 다양한 의견을 제시했어요. 최초의 소피스트인 프로타고라스는 '인간은 만물의 척도이다.'라는 유명한 말을 남겼지요. 그리스의 3대 철학자로 손꼽히며 오늘날까지도 언급되는 소크라테스, 플라톤, 아리스토텔레스는 이런 바탕이 있었기에 등장할 수 있었던 것입니다.

아테네 학당
작가 : 라파엘로(1483~1520)
소장 : 로마 바티칸의 스텐차 델라 세나투라

시대를 앞선 고대의 학자들

그리스에서는 신화, 철학뿐만 아니라 역사학, 문학, 의학, 수학 등 여러 가지 학문이 두루 발달했어요.
이는 이후 유럽인들에게 큰 영향을 미쳐 그리스는 유럽 문화의 뿌리라는 역사적 평가를 받게 돼요.

역사학자
헤로도토스
(기원전 485년
~기원전 425년

소아시아 출신으로, 그리스, 이집트, 시리아 등을 둘러보고, 여러 권의 책을 썼는데, 가장 유명한 것이 '페르시아 전쟁사'를 담은 <역사>예요. 과거의 사실을 서사시가 아닌 학문의 대상으로 삼은 사람은 그가 처음이었기에 '역사학의 아버지'로 불려요.

기원전 5세기 후반 아테네에서 활동한 사람으로, 대표작은 <펠로폰네소스 전쟁사>예요. 사료를 수집하고, 이를 검증해 역사를 썼기에 '진정한 역사, 오직 사실에 기초한 인간의 역사'의 선구자라고 평가받아요.

역사학자
투키디데스
(기원전 5세기 후반)

여류 시인
사포
(기원전 610년~?)

지중해 동쪽 레스보스 섬에 살면서 사랑 등 인간의 감정을 담은 서정시를 여러 편 썼어요 . 학교를 열어 여성들에게 음악, 무용, 시가 등도 가르쳤어요. 알렉산드리아 학자들이 정리한 그리스 대표 서정시인 아홉 명에 꼽힐 만큼 존경받고 있어요.

그리스의 페리클레스 시대를 대표하는 의사이자 의학자로, 히포크라테스 학파를 만들었고 의학을 철학 등 다른 학문에서 독립시켜 크게 발전시켰기에 의학의 아버지라고 불려요. 의사가 지켜야 할 윤리를 담은 선서는 그의 이름을 따서 히포크라테스 선서라고 해요.

의학자
히포크라테스
(기원전 460년
~기원전 377년)

수학자
피타고라스
(기원전 580년
~기원전 500년)

소아시아 출신의 종교 지도자이자, 철학자, 수학자, 과학자예요. 만물의 근원은 숫자라는 믿음으로, 일상적인 일들을 수로 표현하고 설명했어요. 가장 아름답고 이상적인 비율인 1:1.618의 황금비와 '피타고라스의 정의'는 그와 그 제자들의 가장 대표적인 업적이에요.

퀴즈 페리클레스 시대를 대표하는 의사이자 의학자는? ① 히포크라테스 ② 사포

유교 철학자 이황과 이이

우리나라에도 그리스의 철학자 부럽지 않은 유교 철학자가 있어요.
바로 천 원과 오천 원권 지폐의 주인공인 이황과 이이랍니다.

이황의 <성학십도>
17세의 어린 임금 선조를 위해 쓴 책으로,
성리학의 핵심을 그림으로 요약, 정리했다.

이이의 <성학집요>
젊은 왕 선조를 위해 중요한 성인의 말씀을
모은 책으로, 도덕 정치와 백성 사랑을 강조했다.

이황은 1501년 경상도 예안에서
태어나 서른네 살에 벼슬을 시작했어요.
하지만 사화 등으로 혼란한 정치 상황이
싫어, 십여 년만에 고향으로 내려왔어요.
이후 성리학 공부에 전념하여 50대 때는
조선 최고의 성리학자로 손꼽히게 되었지요.
왕의 부름을 여러 차례 받았으나 이황은
이를 사양하고 평생 제자들을 가르치는
일에만 힘썼어요. 유성룡, 정철 등 이름난
학자들이 바로 이황의 제자들이지요. 이황은
조선 최고의 학자이자, 경상도 사림의 큰
스승입니다.

이이는 1536년 어머니 신사임당의 친정인
강릉에서 태어났어요. 스물세 살 때부터
6년 동안 과거 시험에서 무려 아홉 차례나
1등을 했을 정도로 학문이 뛰어났지요.
그래서 일찍부터 중앙의 주요 관직과 청주와
황해도의 지방관을 거치며 다양한 경험을
쌓았어요. 이를 바탕으로 마흔 즈음부터는
선조 임금 곁에서 나랏일을 도왔습니다.
이이는 이황과 함께 조선 시대 최고의 학자로
손꼽히는데, 두 사람은 나이 차이가 많이
나지만 학문적으로 교류하며 좋은 선후배
관계를 유지했다고 해요.

퀴즈 이황과 함께 조선 시대 최고의 유교 철학자로 손꼽히는 인물은?   ① 모모   ② 이이

레오니다스의 운명

뭐든 이 세로에게 맡겨만 주세요!
온통 군인들뿐이라서 우리가 가면 너무 쉽게 눈에 띌 거란 말이지.

그러네요, 정말!
군인들이 전부 몇 명쯤일까?

약 300명 정도요. 제가 다 셌어요.
헉

300명이면 공주님 혼자서도 쓰러뜨릴 수 있는 정도죠? 그쵸?
움찔

***천하무적** 세상에 겨룰 만한 적수가 없음.

게다가 모모 일행이 또 어디서 나타날지도 모르고.
집 따윈 전혀 그립지 않아요!
마… 맞아요!
가로와 세로! 내 말 잘 들어.
이렇게 저렇게 해서 이러쿵저러쿵….
엄청나게 기발한 작전! 최고예요!
소름 돋을 만큼 천재적이셔, 정말!
뿌우
뿜 뿜

그나저나 스파르타는 지금 전쟁 중이지? 이걸 이용하면 될 것 같은데…?
흐음
후훗! 알긴 아는구나?
흣

***연합군** 전쟁에서 둘 혹은 둘 이상의 국가가 합동하여 만든 군대.

기원전 480년
내 아버지 다리우스는 실패했지만, 나는 반드시 성공하겠다!
각오해라, 그리스 녀석들!
좌아아

테르모필레 해안 골짜기를 통과하여 그리스로 진격한다!
척

올 테면 와 보시지!
후회할 텐데?
두둥
레오니다스 1세
크세르크세스 1세

스파르타 병사들은 테르모필레의 좁은 *협곡 지형을 이용해서 페르시아에 맞섰지.
와아
챙
챙
와아

***협곡** 험하고 좁은 골짜기.

***정예병** 보통 병사들보다 훨씬 더 날쌔고 용맹스러운 병사.

일단 지켜보자.
공주가 곧 모습을
드러낼 거야.

부스
럭

척
화
악
뭐 하는
녀석들이냐?
앗!
꼼짝 마라!

응?
덜
덜

*아군이군.

＊**지원병** 군대를 돕기 위해 나중에 추가로 온 병사.

*취사병 군대에서 병사들의 식사와 관련된 일을 도맡은 병사.

*병력 군대의 인원이나 그 숫자.

여기 있습니다.
넉넉하니까 많이
드세요.
냄새
좋은데?
보
글
처음 먹어 보는
맛이야.

둥둥
탁
무슨
소리지?

짜
짠
듬이
등장이요!

피곤이 싹 가시는 신나는
연주를 들려드릴게요!
둥둥
두둥둥

이 녀석, 완전 *저질 체력이군.
어서 일어나!
헉헉…
한편 모모는…

이런 녀석이 어쩌다 전투병이 됐지?

안되겠다. 전투에서 넌 맨 뒤로 빠져 있어.
잘됐다!

나 왔어.
힘들었지? 이거 먹고 기운 내.
털썩

*저질 낮은 품질이나 수준.

***가혹** 몹시 모질고 혹독함.
***용맹** 용감하고 사나움.

페르시아군의 습격이다!
웅성
웅성
전열을 정비하라!

하트 공주는 늘 혼란스러울 때 나타났어!

혹시 지금이 그때가 아닐까?
척
내 생각도 그래.

걱정 마. 레오니다스 왕을 꼭 지킬게!
몸조심해, 모모!
파이팅!
두
둥

레오니다스 1세 (?~기원전 480년)

레오니다스 1세는 스파르타의 17대 왕이에요. '레오니다스'는 고대 그리스어로 '사자의 아들'이라는 뜻인데, 이름처럼 그는 매우 용맹한 왕이었어요. 페르시아가 그리스를 침략하자 레오니다스는 정예병 300명과 함께 테르모필레 전투에 참여했어요. 그런데 이 전투에서 그리스 연합군은 몇 배나 많은 페르시아 대군에 밀려 결국 후퇴하게 되었지요. 이때 레오니다스와 300명의 병사는 그리스 연합군이 무사히 후퇴할 수 있도록 마지막까지 남아 싸우다가 장렬하게 전사했답니다. 이후 레오니다스는 영웅의 본보기로 여겨지게 됐어요.

와아아
와아

와
아
와
아 아

앗!
하트 공주다!
와
아

이제 그만해요, 공주님!
멈
칫

후
다
닥
거기 서요!

이얍!
부
웅

잡았다!
쿠
당

마법봉은 압수할게요.
탓

그 나무 막대기?
가지고 싶으면
가지시던가.
스윽
앗!

헤헤, 깜빡
속았지?
세로!

휘
그럼
공주는…!

목표물 발견!

*전진!

두
두
두

*돌격 전투에서 적을 향해 돌진하여 공격함.
*전진 앞으로 나아감.

***성가시다** 자꾸 들볶거나 번거롭게 굴어 괴롭고 귀찮다.

*방해하다 남의 일을 간섭하고 막아 해를 끼치다.

---

*내막 겉으로 드러나지 않은 일의 속 내용.
*신병 군대에 새로 들어온 병사.

이 카드만 없애면
모든 게 해결돼요!
이익…!
네 상대는
공주님이 아니라
세로 님이시다!
파
앗
앗!

뭔지 모르겠지만
네 말을 믿겠다.
척
덤벼라,
무엄한 녀석!

어림없지!
아고고!
투
웅

빈틈이다!
샷
아앗!

파
파
팟
엇!

으아아악!
쉬
이
익
안 돼!
쿠 쿠 쿠 쿠

유후~!
봉인 완료!
레오니다스
슈
욱
실패다!
또 늦었어!

내 신하가 되는
것도 꽤 좋을 거야.
레오니다스!

이빈에는
제법이었어.
인정할게!
그럼 난 이만!
역사 속 인물이
벌써 네 명이나
사라져 버렸어.
털
썩

진정해, 모모.
왜 번번이 놓치는 거야.

레오니다스 전하는?
그… 그쪽에 안 계세요?
페르시아군이 몰려온다!
도대체 어디 간 거야?

와아아
으윽
에잇! 도망치자!
*후퇴, 후퇴하라!
으아악

*후퇴 뒤로 물러남.

*전사 전쟁터에서 적과 싸우다 죽음.
*복종 남의 명령이나 생각을 그대로 따름.

***전멸** 모조리 죽거나 망해서 없어짐.

페르시아 전쟁

그리스에서 폴리스들이 번성하고 있을 때 서아시아에서는 '페르시아'라는 세계에서 가장 큰 제국이 만들어졌어요. 페르시아는 기원전 5세기부터 지중해로 진출하면서 폴리스들과 충돌했는데, 이것이 '페르시아 전쟁'입니다. 페르시아의 다리우스 1세가 이끈 첫 번째 침공은 폭풍우 때문에 그리스에 큰 피해를 주지 못했어요. 그러나 다리우스 1세의 아들 크세르크세스 1세가 그리스를 두 차례 더 침공했을 때 그리스는 큰 위기를 맞았지요. 이때 아테네는 스파르타를 비롯한 여러 폴리스와 델로스 동맹을 맺고 힘을 합해 페르시아의 침략을 막아냈어요. 특히 마라톤 전투와 살라미스 해전이 유명하지요.

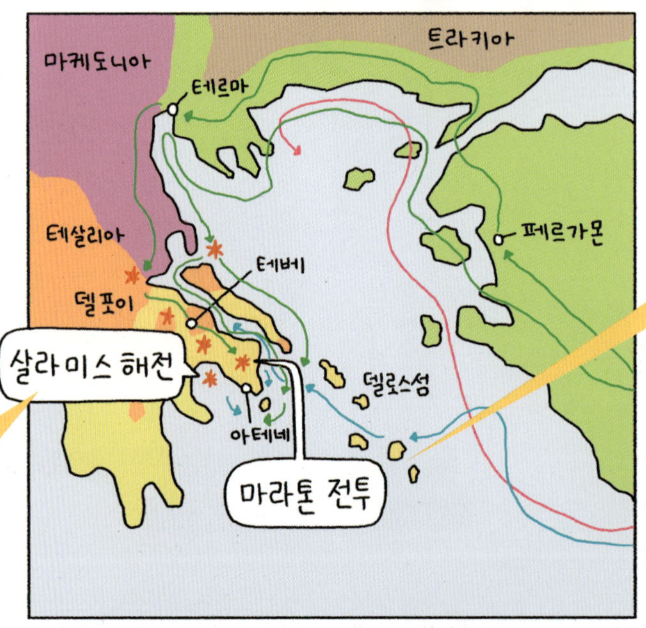

기원전 480년, 그리스 함대가 살라미스의 좁고 긴 바다로 페르시아의 배들을 끌어들여 섬멸한 전투예요.

기원전 490년, 마라톤 들판에서 그리스의 폴리스 연합군이 페르시아 대군을 물리쳤어요. 승리를 전하기 위해 아테네까지 쉬지 않고 달린 병사에서 마라톤 경기가 비롯되었다고 해요.

퀴즈 기원전 5세기부터 지중해의 폴리스들과 충돌한 나라는?　① 페르시아 제국　② 대한민국

펠로폰네소스 전쟁

페르시아 전쟁 후 폴리스들 사이에 새로운 갈등이 생겨났어요. 전쟁에서 가장 큰 역할을 한 아테네가 다른 동맹국 폴리스들을 마치 식민지처럼 대했던 것입니다. 심지어 함께 모은 돈을 자기들 마음대로 쓰기도 했지요. 결국 폴리스들은 스파르타가 주도하는 펠로폰네소스 동맹과 아테네가 주도하는 델로스 동맹으로 나뉘어 전쟁을 벌이게 돼요. 이 전쟁이 '펠로폰네소스 전쟁'입니다. 27년간 이어진 전쟁은 스파르타가 이끄는 펠로폰네소스 동맹의 승리로 끝나요. 하지만 긴 전쟁으로 약해질 대로 약해진 폴리스들은 결국 그사이 북쪽에서 성장한 마케도니아의 지배를 받게 되었습니다.

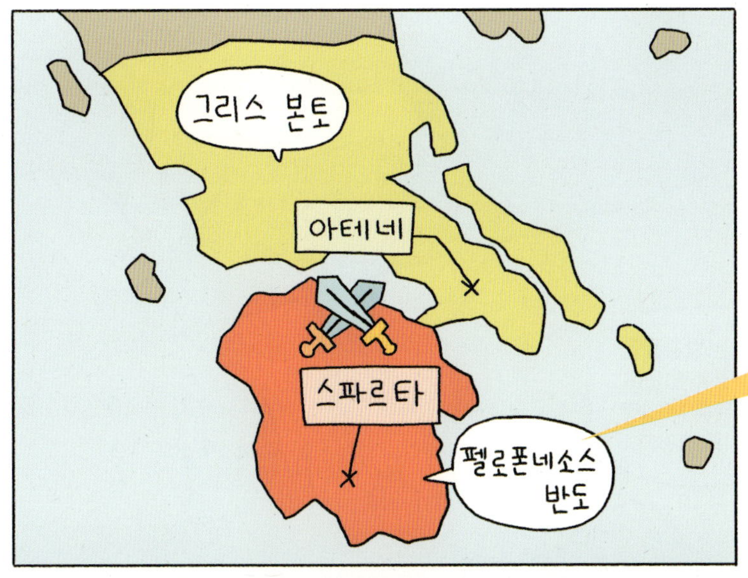

펠로폰네소스 전쟁
아테네와 이에 반대하는 스파르타 중심의 펠로폰네소스 동맹 간의 전쟁이에요. 찬란한 문화를 자랑하던 그리스의 폴리스들은 자기들끼리의 다툼으로 힘을 잃었고, 결국 야만인이라 여겼던 북쪽에서 내려온 마케도니아의 필리포스 왕의 지배를 받게 되었어요.

고대 올림피아 제전

고대 그리스인들은 자신들을 '헬렌 신의 후손'이라는 뜻의 '헬레네스'라고 불렀어요.
각기 다른 폴리스를 이루었지만, 한편으로는 같은 신을 섬기는 공동체라고 생각했던 것입니다.
그래서 기원전 776년부터 4년에 한 번씩 올림피아 제전을 함께 치렀어요. 올림피아 제전은
제우스신에게 바치는 제사의 한 부분으로, 달리기나 권투, 원반던지기, 창던지기, 레슬링 등의
스포츠부터 시 낭송, 연극 같은 문화 예술 행사까지 다양하게 치러졌지요. 모든 그리스인이
하나의 공동체임을 확인하고 화합을 꿈꾸는 축제였어요. 그러나 점차 폴리스 사이에 경쟁이
심해지고 다툼이 잦아지면서 1,000년 넘게 이어오던 올림피아 제전도 막을 내리고 말았어요.

퀴즈 고대 그리스인들이 4년에 한 번씩 함께 치른 축제는?　① 월드컵　② 올림피아 제전

근대 올림픽과 서울 올림픽 대회

명맥이 끊겼던 고대 올림피아 제전은 19세기 프랑스의 교육가 쿠베르탱에 의해 되살아났어요. '세계의 청년들이 한자리에 모여 스포츠를 통해 우정을 나누고 평화를 위해 화합한다.'는 취지였지요. 이렇게 국제올림픽위원회(IOC)가 만들어졌고, 1896년 그리스 아테네에서 제1회 근대 올림픽이 열렸어요. 근대 올림픽은 제 1·2차 세계대전 당시 세 차례 중단된 것을 제외하고 지금까지도 계속 이어지고 있답니다. 우리나라는 1988년에 제24회 서울 올림픽, 2018년에 평창 동계 올림픽을 개최했어요. 특히 서울 올림픽은 한국 전쟁의 아픔을 딛고 빠르게 성장한 대한민국의 모습을 세계인에게 자랑하는 좋은 기회였어요. 또한 120여 개 나라들이 자본주의와 공산주의의 다툼을 멈추고 10여 년 만에 모두 참가한 보기 드문 대화합의 무대이기도 했지요.

퀴즈 1988년 하계 올림픽, 2018년 동계 올림픽이 열린 나라는?　① 대한민국　② 트로이

알렉산드로스의 의지

*매듭 실이나 끈이 풀어지지 않게 묶어서 마디를 이룬 것.
*예언 앞으로 다가올 일을 미리 알거나 짐작하여 말함.

*음모 나쁜 목적으로 몰래 흉악한 일을 꾸밈.

알렉산드로스 3세 (기원전 356년~기원전 323년)

알렉산드로스 3세 대왕은 그리스 북부 지방에 있는 마케도니아 왕국의 26대 왕이에요. 어렸을 때부터 군사적 재능이 남달랐던 그는 왕위에 오른 스무 살 무렵부터 정복 사업을 시작했어요. 강력한 군대와 효과적인 전술로 마케도니아군은 아주 빠르게 이집트와 서아시아, 인도의 북서부 지역까지 정복하여 고대 서양 세계에서 유례없던 대제국을 건설했습니다.

그런데 알렉산드로스 3세를 '대왕'이라고 부르는 이유는 단지 이것 때문이 아니에요. 그는 정복지에 그리스의 뛰어난 문화를 전파하여 현지 문화와 서로 융합하게 했어요. 그 결과, 동서양의 문화가 결합한 '헬레니즘'이라는 새로운 양식이 등장했지요.

***왕좌** 왕이 앉는 자리를 가리키는 말로, 으뜸가는 자리를 비유적으로 이르는 말.

맞아. 역사대로라면 알렉산드로스는 이곳을 지나게 되어 있어.
공주도 나타날 테고!
불
끈

앗!
지잉

지잉
지잉
경고음이야!

역사가 뒤틀리고 있다는 의미야. 이번엔 반드시 성공해야 해!

얘들아, 저기 좀 봐!
?

***패잔병** 싸움에 진 군대의 병사 가운데 살아남은 병사.

*원정 먼 곳으로 싸우러 나감.
*압도적 보다 뛰어난 힘이나 재주로 남을 눌러 꼼짝 못 하게 하는 것.

***열정적** 어떤 일에 열렬한 애정을 가지고 열중하는 것.

***사제 관계** 스승과 제자의 관계.

***주석** 낱말이나 문장의 뜻을 쉽게 풀이해 설명한 글.
***전술** 전쟁 또는 전투 상황에 대처하기 위한 기술과 방법.

*갑옷 칼이나 창, 화살 등 날카롭고 예리한 무기를 막기 위해 입는 옷.

계속 정복 활동을
이어 나갈지, *귀환할지
결정 내려 주십시오.

사실 난 아무
생각이 없는데.

마케도니아군 *숙영지

폐하 생각은
어떠신지요?

*귀환 다른 곳으로 떠나 있던 사람이 본래 있던 곳으로 돌아오거나 돌아감.
*숙영지 군대가 원래 머물던 곳을 떠나 묵는 장소.

＊**우유부단** 어물어물 망설이기만 하고 결단성이 없음.

*제국 황제가 다스리는 나라.
*분열 집단이나 단체가 갈라져서 나뉨.

*호위병 따라다니며 곁에서 보호하고 지키는 일을 맡은 병사.

부르셨습니까, 폐하!
오! 마침 있었군.
척
덜
덜

수상한 자다! 체포하도록.

우리 공주님이 어디가 수상해?
헉!
휙
휘릭
무엄하도다!

사… 살려 줘!
거기 서!
탁
후 다닥
탁
혼내 주마!

불 쑥

화 아 악

앗!
탓

아얏!
쿠 당
탕
아이코!

*각별 어떤 일에 대한 마음가짐이나 자세가 유달리 특별함.
*습격 갑자기 상대편을 덮쳐 침.

***의지** 어떤 일을 이루고자 하는마음.

무슨 짓을 했는지 모르겠지만 나를 원래대로 돌려놔!
왜 나한테 난리야!
챙
슈욱

너! 똑똑하고 잘생기면 다냐!
감히 공주님을 공격하다니!
버럭
버럭

쿵
으악!
헉!
부우웅
물러서라! 너흰 내 상대가 아니다!
쿵

바뀐 역사 때문에 알렉산드로스도 영향을 받았지만, 자신의 의지로 극복해 냈어. 대단해!
짝 짝 짝

안되겠어.
빨리 흡수해 버려야지!
쏙

또 무슨 짓을 벌일 셈이냐!
슈
아악

앗!
댕강

슈익
쉭
슈
슉
아… 안 돼!
내 카드!

쿠
아
앙
내가 애써
모은 카드를
감히 네가…!
크헉
멈춰,
멈추라고!
어서
도망가요!
맞서 싸울
마법 에너지도
없잖아요!
다
다

*개척 새로운 영역이나 운명, 진로를 처음으로 열어 나감.

콱

보아라! 그 누구도
풀지 못한 매듭을
이 알렉산드로스가
풀었다!
번쩍

*동방의 왕은 바로
나, 알렉산드로스가
될 것이다!
와아
와아
알렉산드로스
대왕 만세!

*동방 동쪽에 있는 나라.

시간의 문에 이런 공간이 있었나?
이런 건 처음 봐.
웅
웅
웅
근데 왜 막혀 있지?
한편

어쨌거나 카드에 갇혔던 인물들이 모두 풀려나서 정말 다행이야.

앗!
팟

탁
바로 이거였군.

두
둥
이 마법 회중시계가 있어서 나를 추적할 수 있었던 거야.

*훼손 헐거나 깨뜨려 못 쓰게 만듦.

쿠
아
앙
크윽…! 이거 뭐야!
살려 줘~!
우리를 끌어당겨요!
빠직
지직
어… 어떻게 된 거지? 이런 건 처음 봐.

툭

마법 회중시계가 스스로 시간의 문을 연 것 같아.

역사는 지켰지만 공주님을 잃어버려서 어쩌지? 여왕님께서 화내실 텐데.

웅
웅
웅
웅
얘들아, 시간의 문이 열렸어! 어서 돌아가자.

웅
웅
웅
그러겠지?
너무 걱정 마. 어디서든 얄미울 만큼 잘 살아남는 셋이잖아.
얼마 뒤에 다시 짠~ 하고 나타날 걸?

***황금기** 진행이나 발전이 최고의 경지에 올라 가장 좋은 시기.
***사수** 죽음을 무릅쓰고 지킴.

***활약** 기운차게 뛰어다님.
***안정** 상태가 바뀌거나 달라지지 않고 일정하게 유지함.

여… 여기가 어디예요, 공주님?
어디로든 빨리 떠나야겠는데요?
안절
부절
버럭
노력 중이니까 기다려!
크르르
빨리요!
재촉하지 마! 충전 중이잖아!
LIVE 세계사 ② 그리스 편 끝.

알렉산드로스 제국

기원전 333년, 알렉산드로스 3세는 아버지 필리포스 2세에게 마케도니아의 왕위를 이어받아 불과 스무 살에 정복 전쟁에 나섰어요. 마케도니아군은 긴 창으로 무장한 병사들이 서로 몸을 바짝 붙이고 일제히 밀어붙이는 강력한 전술을 이용했지요. 이렇게 아프리카 북부의 이집트를 정복하는 것을 시작으로 서아시아의 페르시아, 중앙아시아와 인도 서북부까지 손에 넣은 알렉산드로스 3세는 짧은 기간 동안 일찍이 없었던 대제국을 건설했어요.

이소스 전투
나폴리 국립 고고학 박물관

퀴즈 정복 전쟁으로 마케도니아 대제국을 건설한 사람은? ① 알렉산드로스 3세 ② 이순신

헬레니즘 문화의 탄생

사람들은 알렉산드로스 3세를 '무자비한 전쟁광'이 아닌 '위대한 정복자'라고 불렀어요.
알렉산드로스 3세는 정복한 지역에서 뭔가를 빼앗기보다 오히려 반대로 행동했기 때문이지요.
그는 정복한 곳에 자신의 이름을 딴 도시를 만들고 여기에 그리스의 정치인, 상인, 학자, 예술가
등을 이주시켰어요. 그리고 스스로 정복지의 여성을 아내로 맞이하여 그리스인들과 정복지
사람들의 결혼도 장려했지요. 이런 식으로 수많은 정복지에 그리스의 문화가 전파되고 결합되어
훗날 '헬레니즘 문화'가 탄생했어요.

밀로의 비너스상
밀로 섬에서 발견된 미의
여신 비너스의 조각상이에요.
부드러운 곡선과 신체의
아름다움을 가장 잘 담은
황금 비율로 헬레니즘 예술을
대표하지요.

라오콘 군상
트로이 전쟁 때 목마를 성안으로 들여놓는
것에 반대했다가 신의 미움을 사 포세이돈이
보낸 뱀에 칭칭 감겨 두 아들과 함께 죽어 가는
모습을 묘사했어요. 이전의 조각상들과 달리
고통에 가득 찬 얼굴이 생생하게 사실적으로
표현되었어요.

작가 미상(기원전 130년~100년 사이 제작 추정)
프랑스 파리 루브르 박물관 소장

작가 및 제작 시기 미상
피오 클레멘티노 박물관 소장

이집트의 알렉산드리아

알렉산드로스 3세가 세운 도시 가운데 가장 크고 화려한 곳은 이집트의 알렉산드리아였어요.
여러 척의 배가 드나들 수 있는 큰 항구에는 100m가 넘는 등대까지 있었다고 하지요. 그러나
도시의 최고 자랑거리는 엄청난 규모의 도서관이었어요. 왕실의 후원을 받는 이 도서관에는
두루마리 형태로 된 파피루스 책이 무려 70만 권 이상 있었다고 합니다. 기원전 3세기경 건립된
이후 기원전 30년대까지 헬레니즘 시대 학문 연구의 중심 역할을 했어요.

알렉산드리아 도서관의 상상화
(19세기 독일의 화가 코르벤)

신라에 전해진 헬레니즘 문화

불교가 처음 탄생한 곳은 인도인데, 초기 인도 사람들은 석가모니를 발자국, 보리수, 수레바퀴, 연꽃 등으로 표현할 뿐이었어요. 그런데 시간이 흘러 석가모니가 신으로 받들어지기 시작하면서 그의 모습을 구체적으로 표현하려는 욕구가 생겨났어요. 이에 인도 사람들은 인도 서북부에 들어온 그리스인들의 조각 방식을 따라 불상을 만들기 시작했어요. 이것이 그리스의 조각 예술과 인도의 불교가 만나 탄생한 헬레니즘 문화인 '간다라 미술'이에요. 간다라 불상은 그리스 조각의 영향을 받아 곱슬머리에 깊은 눈, 높은 콧날 등 유럽인의 외모와 비슷해요. 이러한 간다라 미술은 나중에 신라에도 전해졌답니다.

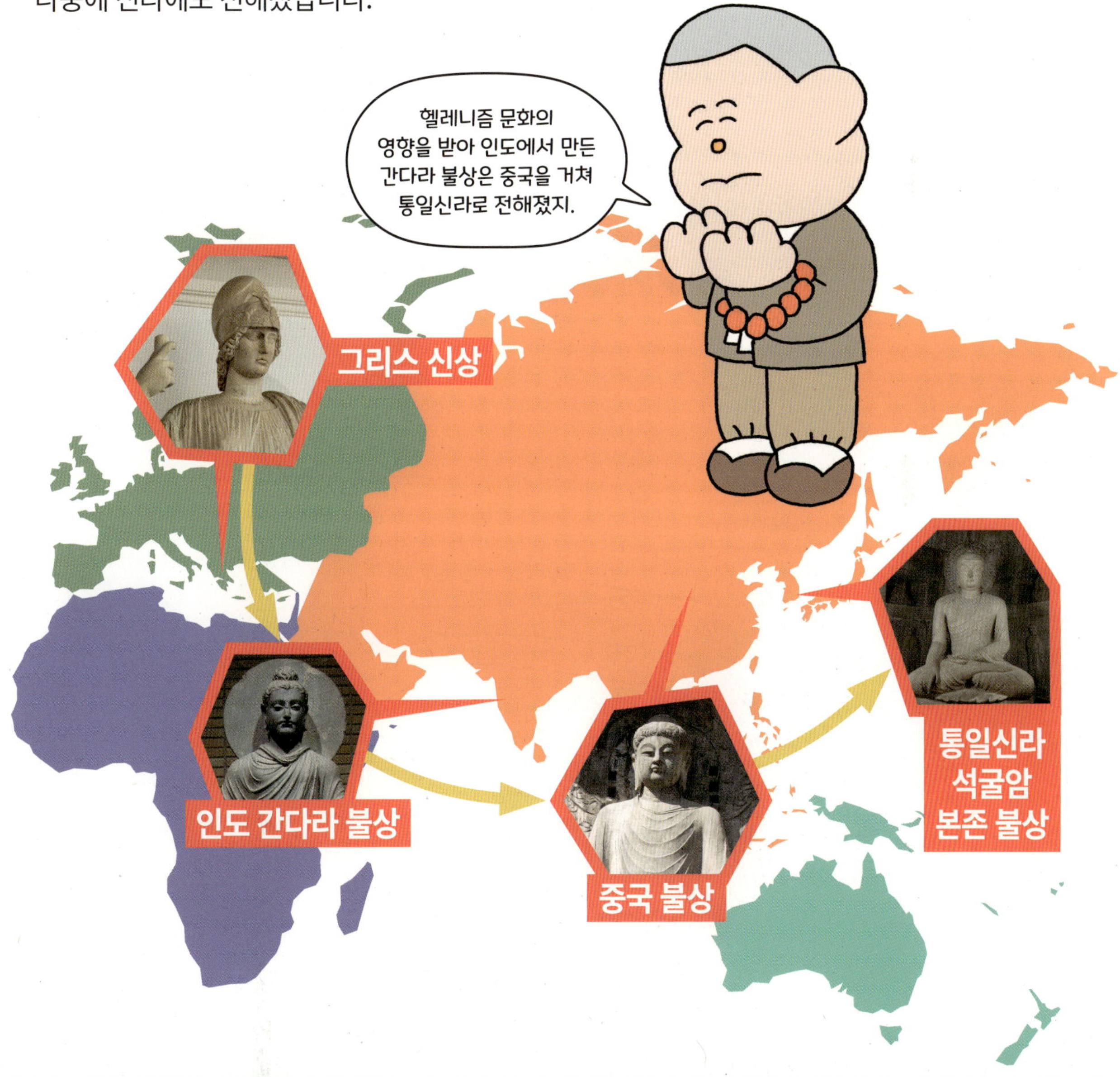

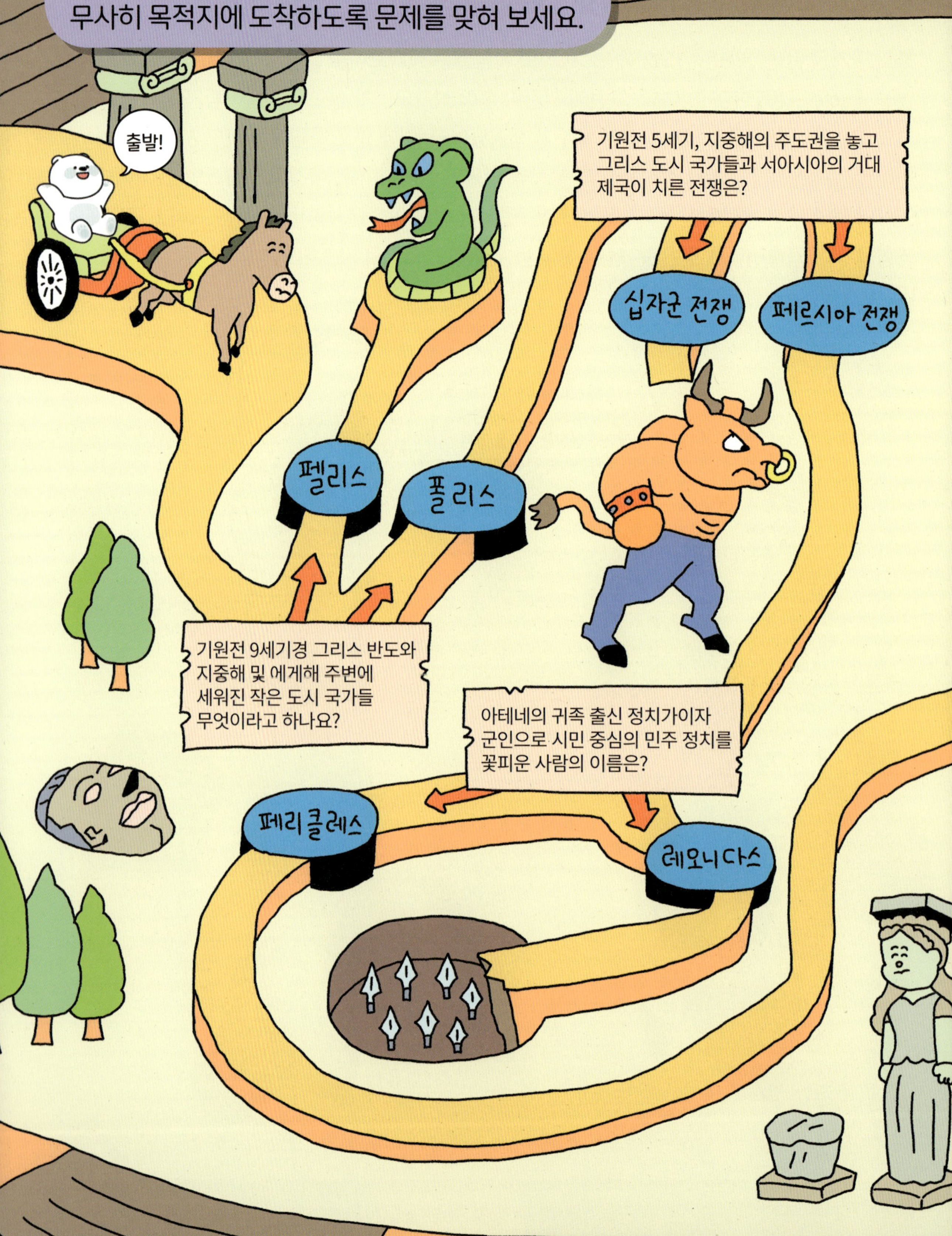
듬이가 고대 올림픽 마차 경주에 출전했어요.
무사히 목적지에 도착하도록 문제를 맞혀 보세요.
출발!
기원전 5세기, 지중해의 주도권을 놓고 그리스 도시 국가들과 서아시아의 거대 제국이 치른 전쟁은?
십자군 전쟁
페르시아 전쟁
펠리스
폴리스
기원전 9세기경 그리스 반도와 지중해 및 에게해 주변에 세워진 작은 도시 국가들 무엇이라고 하나요?
아테네의 귀족 출신 정치가이자 군인으로 시민 중심의 민주 정치를 꽃피운 사람의 이름은?
페리클레스
레오니다스

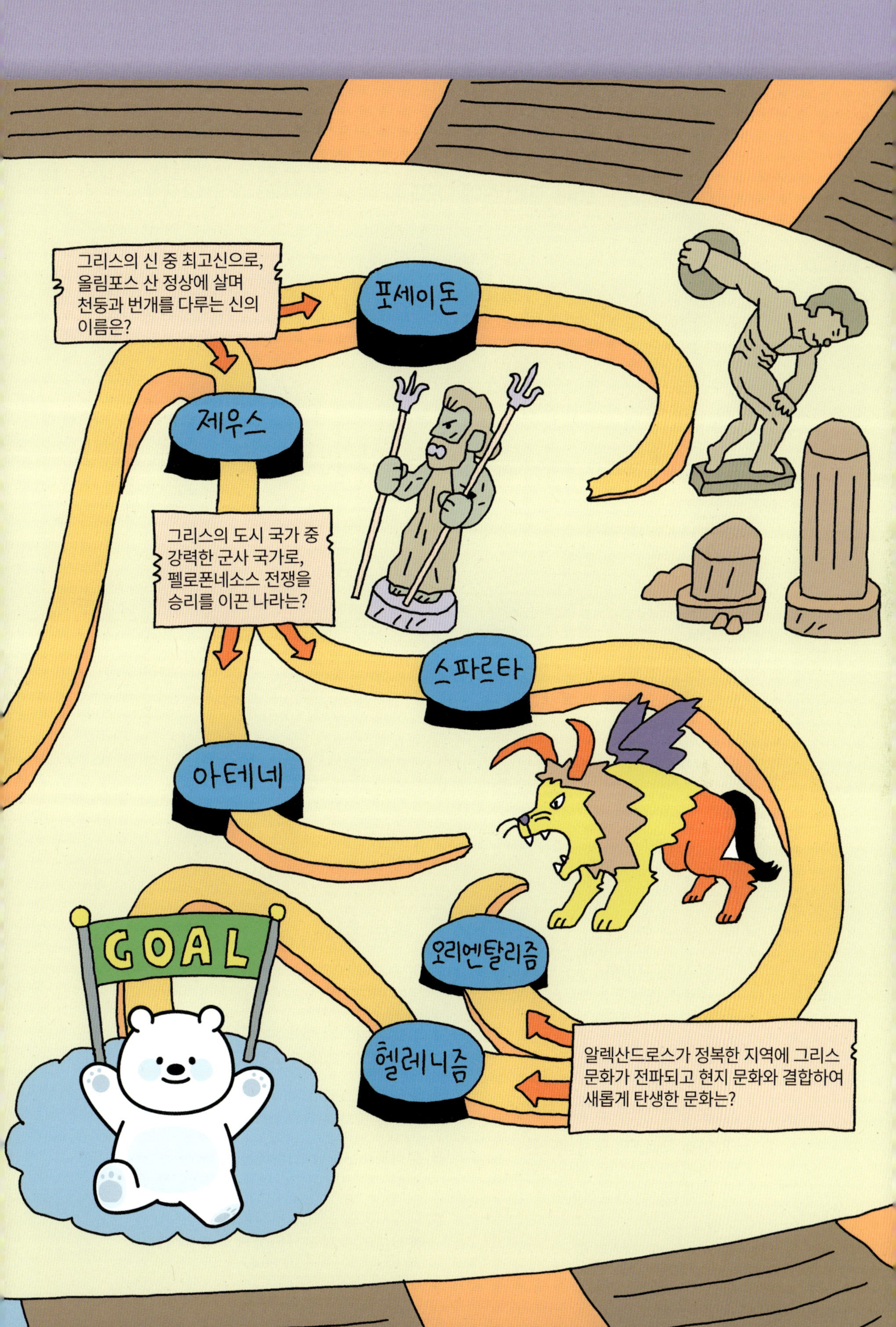
그리스의 신 중 최고신으로, 올림포스 산 정상에 살며 천둥과 번개를 다루는 신의 이름은?
포세이돈
제우스
그리스의 도시 국가 중 강력한 군사 국가로, 펠로폰네소스 전쟁을 승리를 이끈 나라는?
스파르타
아테네
오리엔탈리즘
GOAL
헬레니즘
알렉산드로스가 정복한 지역에 그리스 문화가 전파되고 현지 문화와 결합하여 새롭게 탄생한 문화는?

🔑 가로 열쇠

1. 이 전쟁은 아테네 주도의
   델로스 동맹과 스파르타 주도의
   이 동맹 사이에서 벌어졌어.

7. 서아시아의 이 제국은
   지중해 진출을 위해 그리스의
   도시 국가들과 전쟁을 치렀어.

8. 고대 그리스의 도시 국가를
   가리키는 말이야. 아테네와
   스파르타가 대표적이지.

🔑 세로 열쇠

2. 이 전쟁에서 그리스 병사들은 거대한
   목마 안에 숨어 성안으로 몰래 침입했지.

3. 고대 그리스의 대표적인 도시 국가이며,
   오늘날 그리스의 수도 이름이기도 해.

4. 고대 그리스의 도시 국가 중 하나로
   엄격한 군사 교육과 강력한 군대로 유명해.

5. 필리포스 2세와 그의 아들 알렉산드로스
   3세의 조국이야. 고대에는 왕국이었지.

6. 페르시아의 침략에 맞서기 위해 아테네를
   중심으로 도시 국가들이 맺은 동맹이야.

고대 그리스를 대표하는 철학자야. 대화와 토론으로 철학 활동을 했어. "너 자신을 알라"라는 유명한 말을 남겼지.

소크라테스의 제자야. <소크라테스의 변명>, <국가론>의 저자로 '아카데메이아'라는 학교를 세워 많은 제자를 가르쳤어.

'빵과 물만 있다면 신도 부럽지 않다'며 철학의 목적은 행복하고 평온한 삶이라고 주장했던 건전한 쾌락주의자야.

플라톤의 제자이자 알렉산드로스의 스승이었어. 형이상학부터 논리학, 자연철학 등 모든 분야에 뛰어난 대단한 학자였지.

시작   시작   시작   시작

소크라테스   플라톤   아리스토텔레스   에피쿠로스

1 아래는 독일의 고고학자 '하인리히 슐리만'의 가상 자서전입니다.
( ) 안에 들어갈 내용은 무엇일까요?

① 파리　　② 트로이　　③ 두바이　　④ 베이징

2 다음은 트로이 전쟁에 대한 설명입니다. 옳지 않은 것은 무엇일까요?

① 스파르타 등 그리스 세력과
　에게해 건너 트로이와의 전쟁과 관련 있어.

② 아프로디테, 아폴론, 아테나, 포세이돈 등
　그리스의 여러 신들이 등장해.

③ 그리스의 영웅 헥토르는 트로이의
　아킬레우스와 싸우다가 죽어.

④ 목마에 병사들을 남기고 철수하는
　거짓 전술로 그리스 세력이 전쟁에서 이겨.

 그리스의 폴리스들과 서아시아 페르시아의 전투와 관련 내용을
정리한 것입니다. 맞으면 ○표, 틀리면 ✕표 하세요.

① **마라톤 전투** : 기원전 490년, 마라톤 평원에서 그리스의 폴리스 동맹군이
페르시아의 대군을 크게 물리치고, 한 병사가 이를 알리기 위해 아테네까지
먼 거리를 달린 것에서 마라톤 경주가 비롯되었다고 해. (   )

② **테르모필레 전투** : 기원전 480년, 테르모필레 계곡에서 스파르타의 왕
레오니다스 1세와 300명 정예 병사가 페르시아 대군과 화해하고 사흘 동안
잔치를 벌였어. (   )

③ **살라미스 해전** : 기원전 480년, 그리스 함대가 페르시아 함대를 살라미스
해협으로 끌어들여 막대한 피해를 입혔어. 이는 페르시아 전쟁에서 그리스가
승리하는 결정적인 계기가 되었지. (   )

4 그리스의 역사학자 '투키디데스'가 쓴 <역사>의 일부분입니다.
(   ) 안에 들어가기에 적당한 말은 무엇일까요?

> 권력이 소수에게 있지 않고, 전 시민에게 있기 때문에 우리의 정치 제도를
> (   )라 부릅니다.
> … 만인은 법 앞에 평등합니다. … 공직자에 뽑히는 것은 그가 특정
> 계층에 속해 있기 때문이 아니라, 가지고 있는 실질적인 능력 때문입니다.
> 국가에 대하여 유익한 봉사를 할 수 있는 자라면 누구든지 가난 때문에
> 정치적으로 햇빛을 보지 못하는 일이 없습니다. … 우리는 민회에서
> 정책을 결정하거나 적절한 토론에 부칩니다.

① 부족 정치   ② 투표 정치   ③ 제왕 정치   ④ 민주 정치

5 다음은 그리스의 한 폴리스에 살았던 사람들의 대화입니다.
이 폴리스는 어디일까요?

① 아테네   ② 스파르타   ③ 페르시아   ④ 로마

6 다음 대화를 보고 나눈 친구들의 이야기 중 잘못 말한 친구는 누구일까요?

① **예린** : 페르시아 전쟁 후 아테네에 화가 난 폴리스들이
　　　　　 델로스 동맹에 대응해 새로운 동맹을 만든 거구나!

② **정우** : 그게 스파르타가 이끈 펠로폰네소스 동맹이야.
　　　　　 두 동맹 간의 싸움이 펠로폰네소스 전쟁이지.

③ **나윤** : 전쟁은 결국 펠로폰네소스 동맹의 승리로 끝나서
　　　　　 스파르타가 폴리스의 주도권을 차지했다고 해.

④ **윤성** : 맞아, 그래서 스파르타는 이후 수백 년 동안 강력한
　　　　　 군사 국사로 지중해 지역에 이름을 날렸지!

7 다음 내용과 관계 깊은 그리스의 학자는 누구일까요?

> 의업에 종사하는 일원으로서 인정받는 이 순간에,
> 나의 일생을 인류 봉사에 바칠 것을 엄숙히 서약한다.
> 나의 의술을 양심과 품위를 유지하면서 베풀겠다.
> 나는 환자의 건강을 가장 우선적으로 배려하겠다.
> 나의 환자에 관한 모든 비밀을 절대로 지키겠다.
> 나는 의업의 고귀한 전통과 명예를 유지하겠다.
> 나는 종교나 국적이나 인종이나 정치적 입장이나 사회적 신분을 초월하여
> 오직 환자에 대한 나의 의무를 다하겠다.
> 나는 생명이 수태된 순간부터 인간의 생명을 최대한 존중하겠다.
> 어떤 위협이 닥칠지라도 나의 의학 지식을 인류에 어긋나게 쓰지 않겠다.
>
> ― 제네바 선언, 일명 [　　　　　]의 선서 ―

① 투키디데스

② 사포

③ 히포크라테스

④ 피타고라스

8 고대 그리스 올림포스에서 올림피아 제전이 열리고 있어요.
사실과 거리가 먼 설명은 무엇일까요?

① 올림피아 제전은 제우스신을
기리는 제사의 한 부분이에요.

② 그리스 신들에게 바치는 시
낭송과 연극 공연도 했어요.

③ 남자들이 벌거벗은 채로 레슬링
등 각종 스포츠 경기를 했어요.

④ 여자들도 남자들과 함께 승부를
겨뤘어요.

9 인터넷에서 우연히 다음의 사진과 설명글을 찾았어요.
무엇으로 검색한 결과일까요?

아폴론을 섬기는 트로이의 신관으로,
두 아들과 함께 포세이돈의 저주를
받는 장면을 묘사한 고대 그리스의
조각상이다. 인간의 감정과 육체의
아름다움을 사실적으로 담은 헬레니즘
미술의 대표작이다.

도전 세계사 놀이 퀴즈·정답 따라가기

도전 세계사 놀이 퀴즈·가로세로 낱말풀기

가로 열쇠

1. 이 전쟁은 아테네 주도의 델로스 동맹과 스파르타 주도의 이 동맹 사이에서 벌어졌어.
7. 서아시아의 이 제국은 지중해 진출을 위해 그리스의 도시 국가들과 전쟁을 치렀어.
8. 고대 그리스의 도시 국가를 가리키는 말이야. 아테네와 스파르타가 대표적이지.

세로 열쇠

2. 이 전쟁에서 그리스 병사들은 거대한 목마 안에 숨어 성안으로 몰래 침입했지.
3. 고대 그리스의 대표적인 도시 국가이며, 오늘날 그리스의 수도 이름이기도 해.
4. 고대 그리스의 도시 국가 중 하나로 엄격한 군사 교육과 강력한 군대로 유명해.
5. 필리포스 2세와 그의 아들 알렉산드로스 3세의 조국이야. 고대에는 왕국이었지.
6. 페르시아의 침략에 맞서기 위해 아테네를 중심으로 도시 국가들이 맺은 동맹이야.

도전 세계사 놀이 퀴즈·사다리타기

❶ 답 ②

독일의 고고학자 하인리히 슐리만은 튀르키예 지역의 도시 유적을 발굴하여
그곳이 트로이라는 사실을 밝혀냈다.

❷ 답 ③

헥토르는 트로이의 왕자이며, 아킬레우스는 그리스의 영웅이다.

❸ 답 ① ○, ② ×, ③ ○

테르모필레 계곡에서 페르시아 대군에 맞선 스파르타의 왕 레오니다스 1세와
300명의 정예병은 끝까지 용맹하게 싸우다가 모두 전사했다.

❹ 답 ④

권력이 모든 시민에게 있는 정치 제도는 민주 정치와 가장 관계 깊다.

❺ 답 ②

스파르타는 그리스 반도 북쪽의 도리아인이 내려와 원주민을 정복하고 세운 나라였다.
소수의 귀족이 90%가 넘는 원주민을 노예로 다스렸기 때문에 이들의 반란에 맞서기 위해서는
모든 귀족이 강력한 전사가 되어야 했다.

❻ 답 ④

펠로폰네소스 동맹이 전쟁에 승리하면서 이 동맹을 주도한 스파르타가
그리스 세계의 새로운 주인공으로 떠올랐다. 그러나 27년이나 전쟁을 지속한 탓에
그리스는 전반적으로 국력이 약해져 있었고, 결국 북쪽의 마케도니아에 지배받게 되었다.

❼ 답 ③

페리클레스 시대의 의학자 히포크라테스는 제자들에게 환자의 관찰과 기록,
실험의 중요성을 강조하고, 의사로서 정당하지 않은 행동은 하지 않도록 가르쳤다.
이는 오늘날의 일명 '히포크라테스 선서'로 이어지고 있다.
①투키디데스는 역사가, ②사포는 문학가, ④피타고라스는 수학자이다.

❽ 답 ④

고대 올림피아 제전은 고대 그리스의 정치와 마찬가지로 여성과 외국인, 노예는
참가할 수 없었다.

❾ 답 라오콘 (군)상

그리스

기원전

1600년	미케네 문명 시작
1200년	도리아족의 그리스 침략
776년	올림피아 제전 시작
750년	도시 국가 폴리스 성립
492년	마라톤 전투
480년	살라미스 해전, 테르모필레 전투
478년	델로스 동맹 결성
447년	아크로폴리스 건설
431년	펠로폰네소스 전쟁 시작
399년	소크라테스 사망
338년	마케도니아가 그리스 도시 국가 정복
336년	알렉산드로스 3세 즉위, 동방 원정 시작
323년	헬레니즘 문화의 등장
146년	마케도니아가 로마에 편입

기원후

1453년	동로마 제국 멸망
1830년	그리스 독립 인정
1833년	오토 1세 즉위
1973년	군주제 폐지, 공화국 선포

고대 올림픽 경기장

테르모필레 전투에서의 레오니다스 1세

파르테논 신전

알렉산드로스 3세 대왕

세계사

기원전

- **3500년경** 메소포타미아 문명 등장
- **2500년경** 인더스·황허 문명 등장
- **1750년경** 함무라비 법전 제정
- **770년** 중국 춘추 전국 시대 시작
- **221년** 진, 중국 통일

기원후

- **96년** 불교, 중국에 전파
- **375년** 게르만족 대이동 시작
- **622년** 헤지라, 이슬람교 정립
- **875년** 중국 황소의 난(~884)
- **1066년** 노르만, 잉글랜드 정복
- **1077년** 카노사의 굴욕
- **1206년** 칭기즈 칸, 몽골 장악
- **1302년** 프랑스 삼부회 소집
- **1338년** 영국−프랑스, 백 년 전쟁(~1453)
- **1445년** 구텐베르크, 활판 인쇄술 발명

한국사

기원전

- **2333년** 고조선 건국
- **57년** 신라 건국
- **37년** 고구려 건국
- **18년** 백제 건국

기원후

- **532년** 신라, 금관가야 병합
- **562년** 대가야 멸망
- **660년** 백제 멸망
- **668년** 고구려 멸망
- **698년** 발해 건국
- **918년** 고려 건국
- **926년** 발해 멸망
- **935년** 신라 멸망
- **1392년** 고려 멸망, 조선 건국
- **1443년** 훈민정음 창제
- **1485년** 《경국대전》 간행

사진 출처

36 호메로스 | 위키피디아

52 트로이 목마 (이스탄불 박물관) | 위키피디아

72 페리클레스 | 위키피디아

90 소크라테스 | 위키피디아

114, 115 아테네 학당 | 위키피디아

116 헤로도토스 | 위키피디아

투키디데스 | 위키피디아

사포 | 위키피디아

히포크라테스 | 위키피디아

피타고라스 | 위키피디아

117 성학십도 | 천재포토

성학집요 | 천재포토

133 레오니다스 1세 | 위키피디아

151 서울 올림픽 엠블럼 | 위키피디아

서울 올림픽 개막식 | 천재포토

154 이소스 전투 모자이크 작품 (나폴리 국립 고고학 박물관) | 위키피디아

183 밀로의 비너스상 | 위키피디아

라오콘 군상 | 위키피디아

184 알렉산드리아 도서관 | 위키피디아

185 아테나 | 위키피디아

간다라 불상 | 위키피디아

중국 룽먼석굴 불상 | 위키피디아

석굴암 본존 불상 | 위키피디아

198 고대 올림픽 경기장 | 위키피디아

테르모필레 전투에서의 레오니다스 1세 | 위키피디아

파르테논 신전 | 위키피디아